BEI GRIN MACHT SICH IHR WISSEN BEZAHLT

- Wir veröffentlichen Ihre Hausarbeit, Bachelor- und Masterarbeit

- Ihr eigenes eBook und Buch - weltweit in allen wichtigen Shops

- Verdienen Sie an jedem Verkauf

Jetzt bei www.GRIN.com hochladen und kostenlos publizieren

Bibliografische Information der Deutschen Nationalbibliothek:

Die Deutsche Bibliothek verzeichnet diese Publikation in der Deutschen National-bibliografie; detaillierte bibliografische Daten sind im Internet über http://dnb.d-nb.de/ abrufbar.

Dieses Werk sowie alle darin enthaltenen einzelnen Beiträge und Abbildungen sind urheberrechtlich geschützt. Jede Verwertung, die nicht ausdrücklich vom Urheberrechtsschutz zugelassen ist, bedarf der vorherigen Zustimmung des Verlages. Das gilt insbesondere für Vervielfältigungen, Bearbeitungen, Übersetzungen, Mikroverfilmungen, Auswertungen durch Datenbanken und für die Einspeicherung und Verarbeitung in elektronische Systeme. Alle Rechte, auch die des auszugsweisen Nachdrucks, der fotomechanischen Wiedergabe (einschließlich Mikrokopie) sowie der Auswertung durch Datenbanken oder ähnliche Einrichtungen, vorbehalten.

Impressum:

Copyright © 2018 GRIN Verlag
Druck und Bindung: Books on Demand GmbH, Norderstedt Germany
ISBN: 9783668636323

Dieses Buch bei GRIN:

https://www.grin.com/document/412381

Tobias Isaak

Die Potenzialanalyse als Ausgangspunkt für die individuelle Kompetenzförderung im Berufsorientierungsprozess

GRIN Verlag

GRIN - Your knowledge has value

Der GRIN Verlag publiziert seit 1998 wissenschaftliche Arbeiten von Studenten, Hochschullehrern und anderen Akademikern als eBook und gedrucktes Buch. Die Verlagswebsite www.grin.com ist die ideale Plattform zur Veröffentlichung von Hausarbeiten, Abschlussarbeiten, wissenschaftlichen Aufsätzen, Dissertationen und Fachbüchern.

Besuchen Sie uns im Internet:

http://www.grin.com/

http://www.facebook.com/grincom

http://www.twitter.com/grin_com

Inhaltsverzeichnis

1 Einleitung..2

2 Die Potenzialanalyse im Gesamtkonzept...............................2

3 Was ist die Potenzialanalyse?..3

4 Individuelle Förderung...5

5 Ein Blick in die Praxis 6

6 Fazit..9

Literatur..10

1 Einleitung

Jugendliche im Alter von 13 bis 15 Jahren befinden sich in einer spannenden Lebensphase. Sie werden mit lauter Veränderungen konfrontiert. Neben den körperlichen Veränderungen lernen sie eigenverantwortlich zu denken und handeln. Sie entwickeln eine eigene Identität und lösen sich von Eltern und Erwachsenen. In dieser Lebensphase begegnen ihnen in der Schule Maßnahmen zur Berufsorientierung. Diese Maßnahmen haben das Ziel den Schülerinnen und Schüler[1] bei der Entwicklung der notwendigen Kompetenzen für das Leben in Gesellschaft und Beruf zu helfen. Eine dieser Maßnahme nennt sich Potenzialanalyse[2] und steht ganz am Anfang des Prozesses. Das Ziel dieser Arbeit ist es zu erörtern, inwiefern dieses Kompetenzfeststellungsverfahren ein effektiver Ausgangspunkt für eine individuelle Kompetenzförderung ist. Dazu werde ich in einem ersten Schritt die Maßnahmen der Bildungskette vorstellen und die PA darin einordnen. Anschließend stelle ich die PA und ihr theoretisches Konzept vor. In einem dritten Schritt verorte ich das Diagnoseinstrument PA innerhalb einer individuellen Förderung. Als nächstes folgt ein Blick in die Praxis und in die wissenschaftliche Diskussion. Ich diskutiere die Fragestellung mit Blick auf die Ergebnisse einer wissenschaftlichen Erhebung und versuche herauszuarbeiten von welchen Faktoren es abhängig ist, ob die PA hinsichtlich der Fragestellung einen Nutzen hat. Darauf aufbauend, fasse ich die geforderten Verbesserungen zweier Expertinnen bei der Umsetzung der PA zusammen und ziehe in einem abschließenden Fazit Resümee. Informationen beziehe ich bei all dem aus den bereitgestellten Broschüren der verschiedenen Ministerien sowie aktueller Fachliteratur.

2 Die Potenzialanalyse im Gesamtkonzept

Die PA bildet ein Glied in dem Gesamtkonzept der „Initiative Bildungskette" des Bundesministeriums für Bildung und Forschung. Das Landesvorhaben „Kein Abschluss ohne Anschluss – Übergang Schule – Beruf in NRW" umfasst verbindliche Standardelemente einer systematischen, geschlechtersensiblen und nachhaltigen Berufs- und Studienorientierung[3]. Diese bilden den Rahmen dafür, dass Jugendliche zu reflektierten Berufs- und Studienwahlentscheidungen kommen und realistische Ausbildungsperspektiven zum Anschluss an die allgemeinbildende

---

1 Fortan mit SuS abgekürzt.
2 Fortan wird die Potenzialanalyse mit PA abgekürzt.
3 Fortan soll Berufsorientierung immer als Berufs- und Studienorientierung verstanden werden.

Schule entwickeln.[4] Das Glied PA stellt darin die erste Phase dar, an die sich während des Prozesses weitere Maßnahmen anschließen. Diese sollen möglichst gut miteinander verzahnt sein. Andere Elemente sind die folgenden:
Zu Beginn der Orientierung wird in einer ersten Phase ein von der Schule ausgewähltes und möglichst regional abgestimmtes *Portfolioinstrument* eingeführt.[5] Die Ergebnisse der hier behandelten PA werden ausgewertet und von Schülern und Eltern im Portfolioinstrument, z.B. dem Berufswahlpass NRW, dokumentiert.

Während des Prozesses werden die SuS je nach Bedarf von Lehrkräften, Eltern, Expertinnen und Experten der Berufsberatung der Bundesagentur für Arbeit und andere Partnern *begleitet* und *beraten*. Stetiges Element sind *schulische Strukturen* wie Curricula, Studien- und Berufswahlkoordinatorinnen/-koordinatoren und Berufsorientierungsbüros.In der zweiten Phase lernen die SuS die Berufsfelder durch exemplarisches erkunden mit anschließender Reflexion kennen.In einer dritten Phase bekommen die SuS in verschiedenen *Praxisphasen* und deren Verbindung mit Unterricht wie z.b. dem schulischen Betriebspraktikum einen Einblick in konkrete Berufstätigkeiten. Sie werden von der Schule und den Unternehmen betreut und erhalten qualifizierte Rückmeldung. Abschließend erarbeiten die SuS mit Hilfe ihrer beratenden Akteure eine Anschlussperspektive, die in einer *Anschlussvereinbarung* festgehalten wird.

Im ganzen Prozess der Berufsorientierung ist die PA nach dem Thüringer Modell[6] der Berufswahlkompetenz folglich in einer ersten Phase des Einstimmens zu verorten. Es soll bei den SuS Betroffenheit erzeugt und die Bereitschaft geweckt werden, die eigene Zukunft selbst zu planen.[7]

3 Was ist die Potenzialanalyse?

Der Begriff *Potenzialanalyse* bezeichnet innerhalb der Bildungskette Kompetenzfeststellungsverfahren, die in der frühen Berufsorientierung verwendet werden. *Kompetenzfeststellungen* sind nach Lippegaus-Grünau „gezielte pädagogische Arrangements, die kompetentes Verhalten ermöglichen, sogenannte *Ermöglichungsräume*".[8] Zwischen den beiden Polen der Kompetenzfeststellung lassen sich die Verfahren der PA der *Kompetenzbeschreibung* zuordnen.[9] Unter

---
4 Vgl. Broschüre: Neues Übergangssystem Schule – Beruf in NRW, 2012, Seite 8.
5 Ebd, Seite 11.
6 Driesel-Lange, Hany, Kracke, Schindler: Berufs- und Studienorientierung, 2010, Seite 11.
7 Vgl. Broschüre: Talente entdecken, 2016, Seite 10.
8 Lippegaus-Grünau: Kompetenzfeststellung, 2011, Seite 7.
9 Vgl. Erpenbeck/ Rosenstiel: Handbuch Kompetenzmessung, 2003, Seite XIX.

dem Begriff *Kompetenzen* versteht man in der Berufsorientierung eine umfassende und breite Handlungskompetenz inklusive Mündigkeit. Dies umfasst die selbstorganisierte Anwendung von Wissen, Fähigkeiten und Fertigkeiten in konkreten Anforderungssituationen und steht im Zusammenhang mit persönlichen Erfahrungen, Normen, Werten und Emotionen.[10] Die Kompetenzbeschreibung versucht im Gegensatz zur Kompetenzmessung nicht vorhandene Kompetenzen unter möglichst standardisierten Bedingungen zu diagnostizieren, sie zu vergleichen oder gar Prognosen zur Entwicklung abzugeben. Sie versucht hingegen das, in Verfahren wie den observierten Übungen, biografischen Interviews oder Selbst- und Fremdeinschätzungen, gezeigte Verhalten zu analysieren und zu verstehen. Dabei gibt es keine Vorschriften welche Verfahren eingesetzt werden müssen, jedoch sogenannte Qualitätsstandards die zu berücksichtigen sind. Die PA ist stärken- und handlungsorientiert. Ziel ist es nicht das gezeigte Verhalten der SuS zu bewerten um danach eine Auswahl geeigneter Berufe zu treffen. Es kann von den SuS auch noch gar nicht erwartet werden eine reflektierte Berufswahl zu fällen, befinden sie sich doch grade erst in einer Phase, in der sie ein eigenes Selbstkonzept und eine selbstständige Urteilsbildung entwickeln. Die PA spricht deshalb ganz bewusst von Potenzialen. Dabei handelt es sich um Talente, Stärken und Interessen, die dem Jugendlichen bisher unentdeckt sind und erst einmal als mögliche Kompetenzen wahrgenommen werden können. Die SuS bekommen die Möglichkeit ihr eigenes Verhalten und all das, was in ihnen steckt, zu reflektieren.[11] Die PA erstreckt sich über einen Zeitraum von bis zu drei Tagen und umfasst mindestens 18 Stunden. Die Durchführung findet meist außerhalb der Schule in überbetrieblichen Bildungsstätten statt. Das für die Durchführung erforderliche Fachpersonal beobachtet und dokumentiert das gezeigte Verhalten gezielt nach berufsübergreifenden Kompetenzen. Dies sind personale, soziale und methodische Kompetenzen. Die Ergebnisse sollen im weiteren Prozess als Anhaltspunkt für eine gelingende individuelle Förderung dienen. Dies kann schon einmal festgehalten werden. Die Zielsetzung der PA ist es ganz klar auch einen Beitrag im Sinne der individuellen Förderung zu leisten. Wie sie dazu beitragen kann, soll im Folgenden erörtert und diskutiert werden. Dazu ist eine kurze Einführung in und eine Begründung für die individuelle Förderung nötig.

---

10 Vgl. Lippegaus-Grünau, 2011, Seite 7.

11 Ebd. Seite 8-9.

4 Individuelle Förderung

Die Annahme, dass Berufswahlprozesse individuell verlaufen, setzt voraus, dass auch die Angebote der Berufsorientierung individualisiert sein müssen um wirksam zu sein.[12] Denn es zeigt sich, dass allgemeine Veranstaltungen, die sich nicht an den individuellen Bedürfnissen und nachschulischen Plänen orientieren für die SuS letztendlich ohne Gewinn sind.[13] Deshalb arbeitet die individuelle Förderung subjektorientiert. Es wird versucht jeden einzelnen Schüler in seinem eigenen Entwicklungsprozess abzuholen, von der einzelnen Person aus zu denken und gewünschte Entwicklungen individuell zu fördern. Um diesem Anspruch gerecht werden zu können, braucht es Informationen über die Ausgangslage der SuS. Die Kompetenzfeststellung, z.B. in Form einer PA, liefert als pädagogische Diagnose genau diese Informationen und bildet damit die erste Stufe einer Förder- und Entwicklungsplanung im Rahmen der individuellen Förderung. Nun kann daraus in einem zweiten Schritt von allen am Prozess beteiligten Akteuren ein individueller Förderplan erarbeitet werden, welcher die Ziele, Aufgaben, Zeit und die Form der Kontrolle bestimmt.[14] Grundlegend ist nach Lippegaus-Grünau das Prinzip der Eigenverantwortlichkeit. Die formulierten Ziele müssen auch tatsächliche Ziele des Jugendlichen sein. Sie müssen dazu kurzfristig angelegt sein und die individuellen Ausgangsvoraussetzungen, Entwicklungsbedingungen und –aufgaben aufgreifen und daran ansetzten.[15]

„Die Förder- und Entwicklungsplanung verläuft als dynamischer Prozess und geht weit über das mechanistische Abarbeiten festgelegter Pläne hinaus. Als durchgängiges pädagogisches Prinzip soll sie die gemeinsame Grundlage aller bilden, die am Prozess der Kompetenzentwicklung beteiligt sind, z.B. Berufseinstiegsbegleiter/innen, Lehrkräfte, Vertreter/innen der Betriebe, Eltern, Berufsberatung, Ehrenamtliche, ggf. Schulsozialarbeiter/innen oder andere sozialpädagogische Dienste."[16]

---

[12] Vgl. Driesel-Lange, K., Kracke, B.: Potentialanalysen als Instrumente der Förderung in der Berufs- und Studienorientierung, 2017, Seite 103.
[13] Ebd. Seite 106.
[14] Vgl. Lippegaus-Grünau, 2011, Seite 14.
[15] Ebd.
[16] Lippegaus-Grünau, 2011, Seite 14.

5 Ein Blick in die Praxis

Die PA als Kompetenzfeststellungsverfahren hat als Grundlage der Förderplanung nun eine außerordentliche Wichtigkeit im Prozess der Berufsorientierung. Liefert sie nützliche Ergebnisse, ist das der erste Baustein für eine gelingende Kompetenzförderung. Nur wenn sie einen Wert für die Teilnehmenden hat erhöht sie deren Berufswahlkompetenz.[17] Lippegaus-Grünau kritisiert aufgrund erhaltener Rückmeldungen viele Kompetenzfeststellungen als eher anforderungs- als subjektorientiert. Die Kompetenzfeststellung diene nicht der stärken-orientierten Bewusstmachung der Potenziale, sondern sei an der Verwertbarkeit der Kompetenzen am Arbeitsmarkt interessiert.[18] Deshalb müssen sich Kompetenzfeststellungen einer Qualitätsprüfung unterziehen.

Dazu wurden im Rahmen des Programms „Kompetenzen fördern – berufliche Qualifizierung für Zielgruppen mit besonderem Förderbedarf (BQF)" sogenannte Qualitätsstandards festgelegt. Sie betreffen zum einen pädagogische Prinzipien. Dabei sind z.B. Standards wie die Subjektorientierung, der Lebens- und Arbeitsweltbezug, die Transparenz oder der Kompetenzansatz einzuhalten. Daneben gibt es Standards zur professionellen Umsetzung, wie z.B. das geschulte Personal, das Feedback oder die Ergebnisdokumentation. Drittens gibt es Standards zur systematischen Beobachtung von handlungsorientierten Verfahren. So soll z.B. die Dokumentation während der Beobachtung erfolgen und die Beobachtung von der Bewertung getrennt sein.[19]

Auch Driesel-Lange macht den Nutzen der Potenzialanalyse an ihrer Wirksamkeit fest und stellt die Qualität des Elements als entscheidend für das Gelingen heraus. Sie widmet sich in ihrer Studie eben diesem Ziel, nämlich der Überprüfung der PA auf ihre Wirksamkeit. Sie stellt selber fest, dass im deutschsprachigen Raum nur sehr wenig Erkenntnisse zur Wirksamkeit berufsorientierter Interventionen vorliegen. *„Die Potenzialanalyse stellt eine Maßnahme dar, die für SuS […] über keine langjährige Tradition verfügt und Erkenntnisse über Gelingensbedingungen kaum vorliegen."*[20] An ihrer vergleichenden Untersuchung nahmen 300 Schülerinnen und Schüler mit ähnlichen nachschulischen Anschlussoptionen zweier unterschiedlicher Schulformen, der Gesamtschule und des Gymnasiums teil.[21]

---

17 Vgl. Lippegaus-Grünau, 2011, Seite 12.
18 Vgl. Lippegaus-Grünau, 2011, Seite 15.
19 Vgl. Druckrey: Qualitätsstandards für Verfahren zur Kompetenzfeststellung im Übergang Schule–Beruf, Bonn/Moers, 2007.
20 Driesel-Lange, K., Kracke, B.Potentialanalysen als Instrumente der Förderung in der Berufs- und Studienorientierung, 2017, Seite 117.
21 Vgl. Driesel-Lange, K., Kracke, B., 2017, Seite 117.

Von den Ergebnissen ausgehend macht sie Aussagen über den Stand der Ausbildung von Berufswahlkompetenz und den kurzfristigen und nachhaltigen Einfluss der PA auf eben diese. So befinden sich die Jugendlichen zum Messzeitpunkt vor der PA auf einem ähnlichen Niveau. Ihnen ist die Aufgabe der Berufswahl bewusst, sie strahlen große Zuversicht aus, sind jedoch wenig aktiv. Interessant ist die Feststellung, dass die Gesamtschüler über eine bemerkbar höhere Planungskompetenz verfügen. Außerdem lassen sich durch drei verschiedene Cluster, zu allen Messpunkten, drei verschiedene Gruppen mit unterschiedlich weit entwickelter Berufswahlkompetenz identifizieren. Aufgeteilt nach verschieden hoher Ausprägung werden „Zögerliche", „Beginner" und „Fortgeschrittene" benannt.[22]

Im Bezug auf den kurzfristigen Nutzen lassen sich aus den Messungen keine Verbesserungen der Berufswahlkompetenz bei den Teilnehmenden der Potenzialanalyse ausmachen. Allein der Wert des selbsteingeschätzten Wissens über Berufe ist höher als bei SuS, die nicht an der PA teilnahmen. Neben der Angaben zur kurzfristigen Wirkung können auch Angaben zum langfristigen Effekt gemacht werden. Auch wenn die PA nach der Untersuchung insgesamt nur eine geringe Wirkung verzeichnet, ist doch auffällig, dass Gymnasiasten weniger profitieren.[23] Die Daten zeigen im Vergleich der Schulformen eine stärkere Ausprägung bei den Gesamtschülern. In puncto Nachhaltigkeit sind die Werte ebenfalls ernüchternd. Das Instrument der PA hat einen sehr geringen Einfluss. Die Analyse der drei verschiedenen Gruppen lässt differentielle Effekte erkennen. Für die Gruppe der Fortgeschrittenen ist die PA am nützlichsten. Für Driesel-Lange unterstützt dieser Befund die Forderung nach individueller Berufsorientierung. Des weiteren kann sie folgende Faktoren ausmachen, die für die geringe Wirkung verantwortlich sind. Ein wichtiger innerschulischer Faktor ist die wahrgenommene Unterstützung durch Lehrpersonen. Gesamtschüler fühlen sich von ihren Lehrern stärker unterstützt als Gymnasiasten. Als Schlussfolgerung heißt das, je höher das Interesse der Lehrer an der Berufsorientierung der SuS und je berufswahlfreundlicher das Klima, desto höher die Nützlichkeit der PA. Eine Frage der Erhebung zeigt ein weiteres Problem. Die Ergebnisse der Maßnahmen gehen auf lange Sicht verloren, da sie ohne gelingenden Transfer für die SuS nicht mehr präsent sind. Nur 13 Prozent der Befragten gaben an mit ihren Lehrern über die PA zu reden. Ein Drittel gaben an überhaupt gar kein Gespräch darüber zu führen.[24] Auch Lippegaus-Grünau beschreibt das Problem. Meist habe das geschulte externe

---
22 Vgl. Driesel-Lange, K., Kracke, B., 2017, Seite 113.

23 Ebd. Seite 114-115.

24 Ebd. Seite 116-117.

Personal, welches die PA durchführt, gar keinen Bezug zur Schule und nur wenig Kontakt zu den Lehrkräften. Die Lehrer wiederum sind zwar diejenigen, die im Gegensatz zum externen Personal, im weiteren Prozess Akteure in der individuelle Förderung sein müssen, nehmen aber gar nicht an der Kompetenzfeststellung teil, verstehen so die Ergebnisse nicht und können auch keine nachfolgenden Schritte zur Kompetenzentwicklung ableiten. Dabei wird nicht der Einsatz des externen Personals in Frage gestellt. Die Herausforderung liege im gemeinsamen Wechsel der Lernorte.[25] Dazu braucht es Rahmenbedingungen die neue Kooperationen zwischen den Akteuren ermöglichen. Deshalb fordert Lippegaus-Grünau einen Richtungswechsel in der Praxis der Kompetenzfeststellung. Sie sieht große Chancen in den Kompetenzfeststellungen als Ermöglichungsräume. Es sei dringend erforderlich die Kompetenzfeststellungen weiter zu professionalisieren und sie an der individuellen Förderung auszurichten. Je besser die Förderung des einzelnen Jugendlichen umso besser die Kompetenzentwicklung.[26]

Driesel-Lange plädiert aufgrund der Ergebnisse ihrer Erhebung für unterschiedliche Lerngelegenheiten zur Berufsorientierung. Die Berufswahl sei kein gradliniger Prozess, sondern eher ein Prozess des Entwickelns und Verwerfens. In diesem individuellen Prozess unterstützten die Standardmaßnahmen nicht jeden Jugendlichen. Sie schlägt daher eine differenzierte Umsetzung der PA vor. Dabei formuliert sie drei bedeutende Aspekte:[27]

Erstens muss dem unterschiedlichen Entwicklungsstand der Jugendlichen in Bezug auf ihre Berufswahlkompetenz mit einer angepassten Einstimmung auf die Lerngelegenheit und angemessenen Reflexions- und Beobachtungsbeiträgen in der Vor- und Nachbereitung begegnet werden. Die Gruppe der „Zögerlichen" braucht andere Begleitung als die Gruppe der „Fortgeschrittenen".

Zweitens müssen die Erkenntnisse der PA stärker in den Berufswahlprozess miteinbezogen werden, da sie sonst in Vergessenheit geraten und keinen Nutzen haben. So können die, im Portfolioinstrument dokumentierten Ergebnisse z.B. bei der Planung des Praktikums oder beim BIZ- Besuch erneut reflektiert werden. Als Reaktion auf den Mangel an Nachhaltigkeit in Verbindung mit dem Ergebnis das SuS nur wenig über die PA reden sollen die Eltern als häufigster Austauschpartner stärker in den Prozess miteinbezogen werden. Auch der Austausch zwischen den Gleichaltrigen soll in weiteren Aktivitäten angestrebt werden.

Drittens muss die Umsetzung der PA der jeweiligen Schulform angepasst werden. Wie der Studie zu entnehmen hat die Bewältigung der Entwicklungsaufgabe

---

25 Vgl. Lippegaus-Grünau, 2011, Seite 17.
26 Ebd. 17.
27 Vgl. Driesel-Lange, K., Kracke, B., 2017, Seite 120.

Berufswahl je nach Schulform eine ganz andere Dringlichkeit für die Jugendlichen. SuS des Gymnasiums bräuchten z.b. ein „Interpretationsgerüst" um die Möglichkeit zu bekommen den Wert dieser Maßnahme zu erkennen. Die Schule selbst soll als Ort der Auseinandersetzung mit der eigenen beruflichen Entwicklung verstanden werden. Der Bezug zur Berufsorientierung soll daher fächerübergreifend und auch bei außerunterrichtlichen Lerngelegenheiten hergestellt werden.[28]

6 Fazit

Abschließend lässt sich zusammenfassen, dass die Umsetzung der PA ihren theoretischen Plan nicht effektiv erfüllen kann. Nach ihrer Zielsetzung hat sie den Anspruch den SuS Lust auf die Berufsorientierung zu machen und ein wichtiger erster Baustein für die individuelle Förderung zu sein. Um Klarheit über das Unterstützungspotenzial der PA, wie auch der anderen berufsorientierenden Maßnahmen zu bekommen, braucht es Evaluation. Für den deutschsprachigen Raum liegen darüber jedoch nur wenige Ergebnisse vor. Die Erkenntnisse von Driesel-Lange und Lippegaus-Grünau sind deswegen wichtiges erstes Indiz. So machen beide die Frage der tatsächlichen Unterstützung an der Wirksamkeit fest. Beide gelangen zur der ernüchternden Bilanz, dass die PA in der Praxis für den Berufsorientierungsprozess der Jugendlichen keine große Wirkung hat. Weder erhöhe sie die Motivation zur selbstständigen Berufsorientierung merklich, noch steigere sie die Handlungsfähigkeit. Verantwortlich dafür wird die Qualität ihrer Umsetzung gemacht. Es braucht neben einer differenzierten und an den Schüler angepassten Durchführung auch ein besseres Zusammenspiel zwischen Schülern. Eltern, Lehrern, Schulen und dem durchführenden Personal. Eltern könnten stärker in den Austauschprozess miteinbezogen werden. Lehrer und Schule tragen durch ein berufswahlfreundliches Klima entscheidend zur Motivation und Relevanz des Themas bei. Das geschulte Personal und die SuS sind aufgefordert die gewonnenen Erkenntnisse in den weiteren Prozess zu transferieren. Die große Zahl der abhängigen Faktoren zeugt von der Komplexität der Aufgabe. Nur wenn die Qualität und Professionalität der Durchführung der PA stimmt, kann sie die Berufsorientierung im Sinne einer individuellen Förderung wirksam unterstützen.

---

[28] Vgl. Driesel-Lange, K., Kracke, B., 2017, Seite 120-121.

Literatur

Broschüre: *Neues Übergangssystem Schule – Beruf in NRW. Zusammenstellung der Instrumente und Angebote.* Ministerium für Arbeit, Integration und Soziales des Landes NRW (Hrsg.), 2012.
URL:http://www.berufsorientierungnrw.de/cms/upload/Gesamtkonzept_und_Zusammenstellung_der_Instrumente_und_Angebote_im_NS_112012.pdf (03.12.2017)

Broschüre: *Talente entdecken: Handlungsleitlinien für die Durchführung von Potenzialanalysen.* Ministerium für Bildung und Forschung (Hrsg.), 2016.
URL:https://www.berufsorientierungsprogramm.de/files/BMBF_225_Talente_entdecken_barrierefrei.PDF (26.01.2018)

Erpenbeck, J./ Rosenstiel, L.: *Handbuch Kompetenzmessung. Erkennen, verstehen und bewerten von Kompetenzen in der betrieblichen, pädagogischen und psychologischen Praxis*, Stuttgart, 2003.

Driesel-Lange, K./ Hany, E./ Kracke, B./ Schindler, N.: *Berufs- und Studienorientierung. Erfolgreich zur Berufswahl. Ein Orientierungs- und Handlungsmodell für Thüringer Schulen.* In: Thüringer Institut für Lehrerfortbildung, Lehrplanentwicklung und Medien (Hrsg.), Materialien Nr. 165. Bad Berka: ThILLM, 2010.

Driesel-Lange, K., Kracke, B.: *Potentialanalysen als Instrumente der Förderung in der Berufs- und Studienorientierung,* In: Instrumente zur Berufsorientierung. Pädagogische Praxis im wissenschaftlichen Diskurs, T. Brüggemann, K. Driesel-Lange & C. Weyer (Hrsg.), Münster, 2017.

Druckrey, P.: *Qualitätsstandards für Verfahren zur Kompetenzfeststellung im Übergang Schule–Beruf.* BIBB und IMBSE (Hrsg.), Bonn/ Moers, 2007.
URL:www.kompetenzen-foerdern.de/imbse_qualitaetsstandard.pdf

Lippegaus-Grünau, P.: *Kompetenzfeststellung als Grundlage für Berufsorientierung und individuelle Förderung.* Offenbach, 2011.
URL:https://www.inbas.com/fileadmin/user_upload/themen/120711_Vortrag_Lippegaus_INBAS_Fachtagung_03Nov2011.pdf

BEI GRIN MACHT SICH IHR WISSEN BEZAHLT

- Wir veröffentlichen Ihre Hausarbeit, Bachelor- und Masterarbeit

- Ihr eigenes eBook und Buch - weltweit in allen wichtigen Shops

- Verdienen Sie an jedem Verkauf

Jetzt bei www.GRIN.com hochladen und kostenlos publizieren